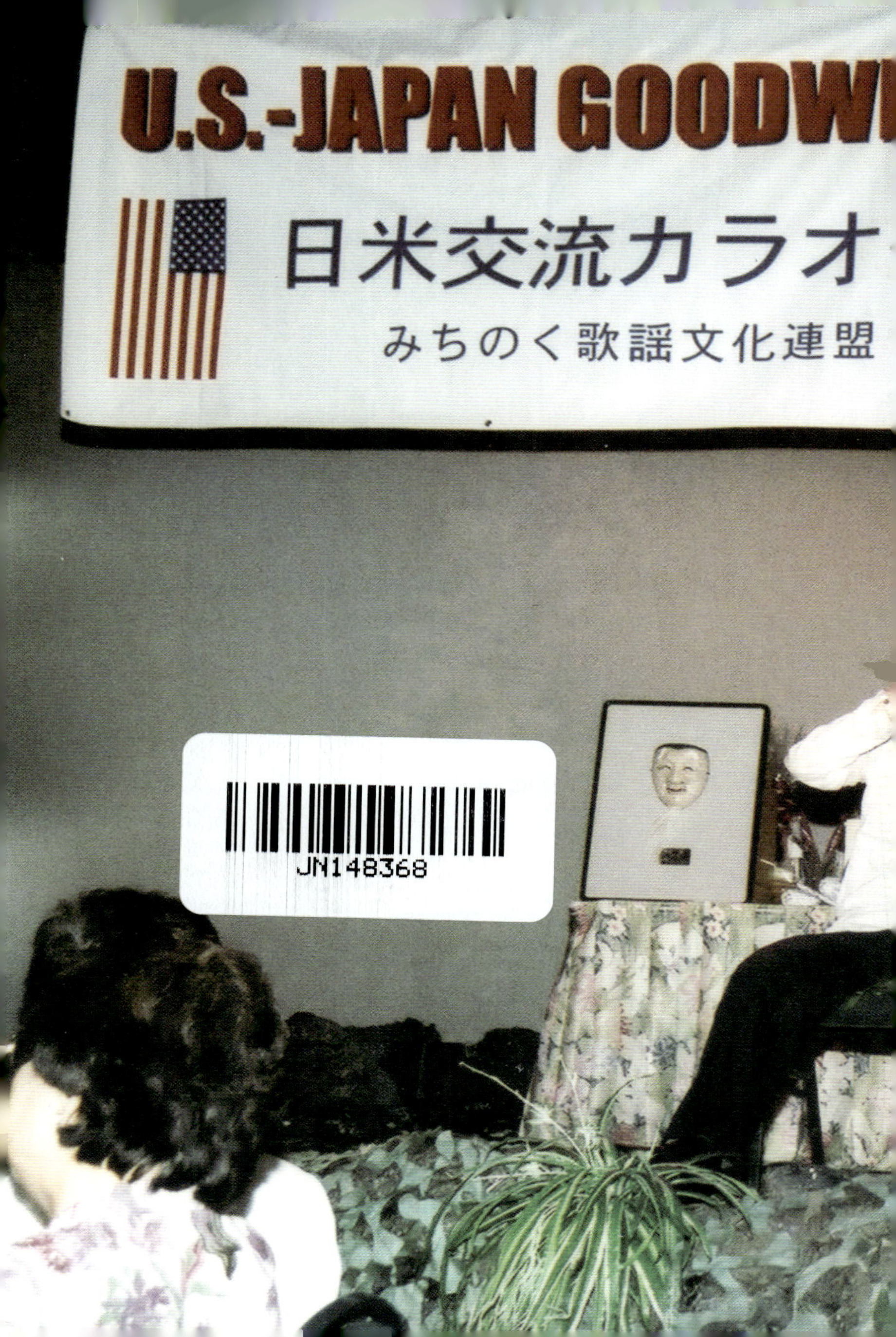
U.S.-JAPAN GOODWI
日米交流カラオ
みちのく歌謡文化連盟

HBA books

筋ジストロフィーの演歌歌手
木田俊之の半生

生きるチカラ

伊藤進司
［取材・文］

人間★社

難病「筋ジストロフィー」にも負けず、
車椅子に座り歌い続ける
みちのくレコード歌手・木田俊之さん
（みちのくレコード提供）

木田さんとの出会い

「青森県に筋ジストロフィーと闘いながら、車椅子に乗って歌い続ける演歌歌手がいらっしゃるんです。今、その方のドキュメント映画を撮影しているんです」

旧知の映画プロデューサーからそんな話を聞いたのは、平成28年5月初旬のことだった。

「車椅子って、その方はかなり重度なんですか？」と私が聞くと、プロデューサーは「両手両足はまったく動きません。ご自身では何もできない重度の要介護です」とつぶやいた。

そのような状態で、しかも車椅子に座ったままステージで歌うことなど可能なのだろうか。しかもプロとして。

「よく大きな声が出ますね」と私は疑問をぶつけた。すると「声はものすごいですよ」と断言するのだった。

しかしプロデューサーはこうも続けたのである。「ですが、明日にでもご自身の病状が悪化して、『おれは歌えなくなるかも』という恐怖と毎日闘っているそうです」。

筋ジストロフィー

正直、筋ジストロフィーについては「全身が動かなくなる病気」「有効な治療法がない不治の病気」ぐらいの知識しかなかった。そこで難病情報センターのホームページにアクセスして詳細を調べてみた。

その説明を要約するとこうだ。

〈骨格筋の壊死を主病変とする遺伝性筋疾患の総称で、筋肉の機能に不可欠なタンパク質の遺伝子に変異が生じたために起きる。筋肉の変性壊死が生じることにより、運動機能の低下、呼吸機能障害、心筋障害、嚥下機能障害、消化管症状、骨代謝異常、難聴、中枢神経障害等の様々な機能障害が起きる〉

まさに難病である。しかも症状の進行が緩やかで、初期段階は自覚症状がないため罹患していることに気がつかないことも多いと言う。そのため国内の正確な患者数は分からないのである。現在のところ治療法は確立されていない。薬で進行を遅らせる、対症療法しかないのだ。

映画のロケ地へ

その難病を患い、果たして歌手として活動ができるのだろうか。ステージ上での振る舞いはどうするのか。私の疑問は尽きなかった。

それからおよそ1ヶ月後、「もうすぐ映画がクランクアップします。よかったら撮影の見学に来ませんか」とプロデューサーの誘いを受け、6月19日、私は山形新幹線に乗り、上野から約2時間かけてロケ地の山形県赤湯温泉に向かった。

赤湯駅のホームに降り立つと、映画のタイトル、「いのちあるかぎり　木田俊之物語」と大書されたポスターが目にはいった。町をあげて応援しているのだ。

最終撮影は南陽市文化会館で行われていた。舞台設定は、木田さんが目標にしているNHK紅白歌合戦に、念願がかなって出場するというシーンだった。

舞台上では男女合わせて80人ほどの歌手が紅組と白組に分かれ、ひな壇に並んでいる。もちろんエキストラも多いが、本物の大御所演歌歌手もいる。『孫』のヒットで知られる大泉逸郎さんだ。

クライマックスシーンの撮影が始まった。大きな拍手の中、舞台下手から夫人に車椅子を押してもらい木田さんが登場した。純白のジャケットに蝶ネクタイ、黒のスラックス。とてもよく似合っている。

客席に一礼した夫人が木田さんの前に回りこみ、中腰になると木田さんの両脇に手を差しこみ、車椅子の背もたれから木田さんの座位置を少し前にずらした。声を出しやすくするためだと言う。木田さんの両腕はだらんとしたまま。改めて自力で両手両足を動かせないことに気がつく。

そして夫人はひざまずき、車椅子のステップから木田さんの両足を床に下ろした。最後にスタンドマイクを木田さんの口元にセットして準備完了である。夫人は再び車椅子の後ろに立った。

驚きの歌声が

それを待って流れ始めた、持ち歌『立山連峰』のイントロ。ややうつむき加減でイントロを聞く木田さん。そして最初の１小節を歌い始めた。

♪高くそびえる　山ゆえに〜

その瞬間、私の全身の肌が泡立った。力強く野太いが、透き通る歌声。そして圧倒的な声量。まるで目の前に雄々しくそびえ立つ立山連峰が見えるようである。感動という言葉だけでは表現できない。木田さんの声が私の胸奥にずんずんとはいってくる。

収録後、私は木田さんの控え室まで挨拶に伺うと、木田さんから「わざわざお越しいただきありがとうございました。いかがでしたか?」とにこやかに語りかけてくれたのだった。

そして談笑したのだが、私は木田さんの明るさに驚かされた。会話の内容が実に面白い。ときに下ネタも混じる。青森のお国言葉が丸出しで、木田さんに輪をかけて明るい夫人との掛け合いはまるで夫婦漫才のようだった。

木田さんの生きるチカラを知りたい

「難病＋演歌歌手＝じっと耐え忍ぶ」と勝手に思いこんでいた。前出のプロデューサーは「木田さん、楽しい方でしょ。あの人柄に魅了された人がたくさんいるんですよ」と言っていた。私も間違いなく、その一人になっていた。

帰りの上り最終新幹線の中で、不治の難病と闘いながらも明るく歌う演歌歌手、木田俊之の「生きるチカラ」そして「歌い続けるということ」についてずっと考えていた。もちろん上野駅に着いても結論など出るわけがなかった。

そこで木田さんに、ロングインタビューをさせていただくことをお願いした。その「チカラ」を知るために。電話口の木田さんは明るく気さくな声で「もちろん、いいですよ。母ちゃんと一緒にお待ちしております」と快諾してくれたのだった。

木田さんの生い立ち

木田さんは昭和32年2月2日、青森県南津軽郡大鰐町で生まれた。

ばあちゃん、両親、おれ。8年後には妹が生まれてね。じいちゃんは学校の先生だったんだけど、当時は給料も安くて家族は飯を食うのも大変だったみたいだよ。生活が苦しかったんだびょん。

そんで戦争さ突入して、「満州に行けばいい給料がもらえるし、美味しいもんも食えるぞ」って言われて、じいちゃんは行ったわけさ。その後、家族ば満州に呼び寄せた。

しかし家族が渡った1年後に終戦。家族だけが先に引き揚げてきて、その1年後にじいちゃんは帰国。だけど日本も食うもんがない時代。じいちゃんは闇米なんかを子供に食わせて、自分はずっと我慢してたんだど。そのせいかどうかわがんねけど、栄養失調から結核になって死んでしまったというわげ。

戦後は祖母が魚の行商をして、木田家の生計を立てていたと言う。

朝6時に大鰐駅さ行って、青森行きの汽車に乗るんだ。青森の市場でほっけ、さんま、いわしなんかの魚ば買って、11時30分大鰐駅着の汽車で戻って来る。

木田家に嫁に来たおれの母ちゃんが夏はリヤカー、冬はそりを引いて駅までばあちゃんを迎えに行くわけ。それに魚ば乗っけて、大鰐駅に近い家から順番に回りながらその魚ば売って、それで家まで帰ってくるのよ。

おれは2、3歳のころまで、ばあちゃんと母ちゃんが行商をしている3時間のあいだ、近所の家さ預けられてさあ。今もよく近所のおばちゃんから「おめがちっちゃいときは、おれのおっぱいを飲んでたんだ」って言われっけど。覚えてねえなあ（笑）。

木田さんは人見知りをしない、人懐っこい子供だったそうである。成長するにつれ人懐っこさは社交性になり、人前に立つ歌手としての一助になっていることは間違いないだろう。

その後、小さいながらも鮮魚店を構えた祖母は「津軽手踊り」の名人でもあり、よく寄り合いなどに呼ばれて披露していたと言う。

父ちゃんなんかは「そんなの、みっともねえ」なんて言って宴席で踊るばあちゃんを嫌ってたようだけど、今は息子もばあちゃんと同じような芸能のことばやっててんだからなあ（笑）。

リンゴ農家に生まれた木田さん。
働き者の両親のもと、自然に囲まれながら
のびのびとした幼年時代を過ごす。

働き者の父の言葉

木田さんの両親はリンゴ農家である。

朝の3時ころだったな、父ちゃんはトラクターさ乗って25分かけて畑さ行くの。畑仕事ば終えて朝飯前に帰ってきて、朝飯食べ終わったら今度は林業の手伝い。25人乗りのバスさみんな乗せて、父ちゃんが運転して山さはいって行くの。

そんで日が長いときは、山から帰ってきたあどにもう一度畑さ行ってリンゴの世話をしてたな。父ちゃんの口癖は「朝8時から夕方5時までは飯を食う金だ。それ以外の働きで金は貯まる」だった。

そんなわけで父ちゃんも頑張って、50年くらい前だけど当時の金の100万円で家ば建てたんだ。

木田さん一家が住んでいた大鰐地区三ツ目内には当時220軒の家があり、ほぼ全戸が農家だった。しかし山間のため畑にできる土地は少なく、さらに農家一戸あたりの耕地面積が狭いため、収穫量は十分ではなかった。だいたいがみんな貧乏だったと言う。

周りの村からは「あの村さ嫁に行くと苦労するぞ」って言われてた。身近に金持ちなんていなかったから、小学生までチョコレートなんて食ったことがなかった（笑）。

わんぱくだった小学生時代

そんな時代に木田少年は生きた。

小学校は1クラスだけ。生徒は43人だったかな。青森は相撲が盛んで、そのころはどこの神社や学校にも土俵があってよ。大相撲の「花のニッパチ」って知ってる？　昭和28年生まれの北の湖、若三杉改め二代目若乃花、麒麟児、栃光、大錦が活躍して。若三杉は大鰐出身。あの人は大鰐の誇りだ。

おれも小さいときは相撲ばやってたけど、そんなに強くはなかったな。それよりスキーが上手だった。アルペンスキー。村で一番速かったんじゃないべか。あとはビダ（めんこ）やビー玉遊びだな、よおぐ覚えてる。ビー玉は土間に穴っこ掘って遊んだなあ。

懐かしそうに昔を思い返す木田さんは小学校3年生のときに初恋を経験した。

隣村の女の子で、クラスで一番頭っこよがった。背も小さくて。見た感じは可愛いっていうタイプじゃないけどな（笑）。

そうそう、何年か前におれの後援会の新年会さ来てくれでさあ。うれしかったね。みんな、小学校時代に戻ったみたいで楽しかったよお、おじさん、おばさんになってたけど（笑）。

中学校にはいるとやんちゃに

そして中学生になった木田さんはわんぱく坊主からやんちゃ坊主になった。部活に選んだのはブラスバンド部。バリトンとホルンのパートを任された。こう聞けば「優等生」のように聞こえるが、すぐに「退部」するという事件が勃発した。

顧問の先生と10人の1年生部員が対立してしまったんだ。理由？　それが今となっては思い出せないんだなあ(笑)。なんだったんだべ。とにかく、「全員やめるべ」ってなって退部をしたわけ。けどその後、先生の説得もあって部員は戻ったの。だけどなぜだかおれだけ戻らなかった(笑)。

おれも説得されたんだろうけど、なんでだべな。戻らなかったんだな(笑)。意地があった？　う～ん、どうなんだべ。それもぜんっぜん思い出せない。まあ、おれも頑固だからね。

戻りたいっていう気持ちも確かにあったと思うんだけど、それよりも早ぐ家さ帰りたかったんだびょん。遠がったから。家から学校まで2キロはあってさあ、夏は自転車で冬はバス通学。早ぐ帰っても、なんもするごとねえんだけど。

しかしそのブラスバンド部の顧問教師とは不思議な「縁」が続いたと言う。

その先生さ、当時、23、4歳だったびょん。今は70歳くらいだべが。最近でも付き合いがあるのよ。小学校の校長ば勤め上げて退職したんだけど、ミニコンサートなんかがあれば、おれの歌っこ聴きに来てくれるの。

最初は名前が浮かばねほど遠い昔の記憶だったばって、だんだん思い出すもんだね。もう懐かしくって懐かしくって。うれしいよね、そうやって悪ガキだった教え子の歌っこ聴きに来てくれるなんて。

おれの成績？　聞かなくても分かるべ。遊んでばし、いだはんで成績はケツから3番目。成績表はほとんど2か3。んでも学校の先生って偉いよ。成績表に1は絶対につけないのよ。だって1の後はないべ。1をつけたら絶望しちゃうべさ。

そんだ、アルファベットも書げねがった英語がなしてだが3だったなあ。ちょっとした自慢だ(笑)。後ろの席の女の子が英語が得意だったはんで頑張ったんだべな。気を引ぐきがって。

やっぱり人間は「頑張らせてくれる何か」が必要なんだね。

このときは聞き逃していたが、木田さんは筋ジストロフィーを発症して生きる気力を失っていたとき、ある方に出会って「頑張らせてくれる何か」を見つけていた。

その方との出会いがなかったら木田さんは「何か」を見つけていなかったかもしれない。そして「演歌歌手木田俊之」は誕生していなかったかもしれない。それは後段に書かせていただくが、「縁」が木田さんを救ったのである。

喫煙騒動

「頭っこ、いぐね（よくない）し運動できねえし。つまんね中学校生活だった」というが、なかなかスリリングな経験もあったようだ。

えぐね（よくない）先輩よげで（多くて）さあ（笑）。中一の夏休みだったな。じぇんこ（お金）ねえはんで、けやぐ（友達）みんなでじぇんこ出し合って「あさひ」やら「ＥＣＨＯ」やらのタバコを買ったんだ。30円だった。それ吸ってよお。おれ？おれは吸ってねんだよ（笑）。

あれは2学期だったなあ。放課後に学校の中庭の木陰で吸ってたら先生に見つかったことがあって。おれ？おれは近くで見てただけだ（笑）。んでも連帯責任。2年3組の木田、誰々、誰々って3人が職員室に呼ばれて「一列に並べ」で全員がビンタ（笑）。

それでもみんな懲りなくてさ。次は大鰐駅の便所で吸ってよ、警察さ見つかった（笑）。父ちゃんが警察さ呼び出されて、濡れ衣だったけどそこで父ちゃんにビンタされてさ。とんだ悪ガキだったなあ。

青春真っ只中の木田青年、思春期だから女子学生のことも気になる。

ずっと片思いばかりだったな。中学で好きになったおなごは3人いだべが。んだどもわあ（おれ）はブ男だからしょうがねえべ。モテない。まあ、ろくに歯も磨がねがったしなあ（笑）。めごい（可愛い）おなごっこ好きだったがって？　どうだべ。まあ同級生に「あのおなご、めごぐねが？」って聞くと「どごが？」っていう感じだったから、周りから見たらイマイチっていう感じだったんだびょん。

おれはルックスより性格重視（苦笑）。なしてだが、好きになるのはみんな頭っこいがったのは覚えてる。自分で、ほんずねえ（頭が悪い）はんで、頭っこいいおなごが好きだったのかもな（笑）。

左官屋の見習いになる

中学を卒業すると木田さんは青森県弘前市で左官の職に就いた。住みこみだった。

当時の学校の先生が「頭のいいやつは頭ば使え。頭の悪いやつは体ば使え」が口癖でな。だからおれは体ば使うことにした（笑）。

そんで大工になるか左官屋になるか悩んだんだ。だけどおれは数学がむずがしくて大工はむり。大工は墨付けなんかで計算ばするべ。したはんで同級生と一緒に左官屋に弟子入りしたわけ。親方の家の敷地にある倉庫の2階さ住みこんで。広さは8畳あったかかな。そこで初めての2人暮らし（笑）。むさ苦しい男同士だけどな。

仕事は朝8時から夕方6時まで。休みは1ヶ月に2日。半月ごとに給料が支払われたと言う。

日給は７００円。初めての給料はよっぐ覚えでるよ。ドキドキしながらトイレで札ば数えだ（笑）。あのドキドキは一生忘れらいねな。だけどさ、おれはしばらく1万円札ば見たことがなかったの。だって７００円で14日分だから９８００円ぽっきり（笑）。はやぐ1万円札ば拝みたいと思ったね。

幼少期、決して豊かではない生活を送っていた木田さん。お金のありがたみを知っている。さらに言えば「自分で稼いだ金」という充足感、満足感で気持ちは高揚したことだろう。

左官職人の道を歩み始めた木田さん。
バイク、クルマに憧れ
やがて歌にめざめていく。

休日は車とバイクを乗り回し……

それでじぇんこ貯めて、16歳のときバイクの免許ば取ったんだ。免許ば取ったらバイクが欲しくなる。んでも免許ば取るのがやっとでバイク買うじぇんこはねえ。父ちゃんに頼みこんだ(笑)。「一生、車さ乗ねはんで（乗らない）って。

なんで「車さ乗ねはんで」なんて理由を考えたんだべ、これから仕事で車さ乗るのは当たり前なのにな。そいでも33万円のホンダCB550ば買ってけだの。

当時は750cc、ナナハンが主流だったんだばって、ホンダが半端な550ccを出してきて、それがナナハンより安かったんだよ、若いやつらによぐ売れでたんだ。

「へ～、お父さんが？　そうだったの、よぐ買ってくれたね～」智恵子さんも初めて聞いたエピソードだったらしい。驚き顔だ。

わあがまじめに働いでらのをちゃんとみでらんだびょん。休日以外に休まねで、働いだものな。そのご褒美じゃないべがね。父ちゃんに聞いたことないけどさ。

その愛車を駆って、土曜の夜は弘前駅前に乗り付けたと言う。

１５０台くらいが走ってたなあ。当時はノーヘルで乗れたから、ヘアスタイルもばっつり決めて。もちろんリーゼント(笑)。歩道は見物人だらけ。モテたか？　モテた、モテた(笑)。いや、うそだ。ぜっぜんモテね（爆笑）。

そんで2年後に車の免許ば取ったのよ。そしたら車が欲しぐなるべ。けどじぇんこはねえさ。父ちゃんに頼みこんだ。「車、買ってけろ」って。あはは(爆笑)。60万円の中古のチェリーを買ってもらった。ツインキャブの。

「ほんと？　いや～、車も買ってもらったの？　大したお坊ちゃんでないの(笑)。そしたらだごと、ぜっんぜん知らなかった。いがったねえ、このインタビュー聞げで」と智恵子さんも大笑いだ。

そっか？　言ってながったが？　そのチェリーな、友達の実家が車の修理工場だったはんで、そごさ持ってって、安い値段で元の白色を真っ赤に塗り替えてもらったんだ。車高ば低いシャコタンにして。鉄のホイールも金や銀の色にしてよ。

ディスコで目立った木田青年

そのチェリーでけやぐば乗っけで弘前のディスコさ行くの。おれは酒が飲めねえはんで運転手(笑)。んでもディスコでは目立ってたよ。１００人くらいはいるフロアはいっづも70、80人ぐらいいだべな。入場料は千円だったばって、友達が受付してたはんで顔パス(笑)。そごにはフィリピンのバンドもはいってて、そいつらとけやぐになっておれの寮に泊めだりしてな。

　毎日が楽しかった。２歳年上のデパート勤めのおなごども付き合った。

　デパガと付き合ってたんだ。（青森県）深浦（町）の人だった。ま、恋人関係は２〜３ヶ月ぐらいで終わったんだけどな。出会いのきっかけ？　忘れたなあ。どうだったべなあ。忘れだじゃ。

「出会いがあまりに多すぎたんでねが」と智恵子さんが茶々を入れる。からかわれているのに、まんざらでもない表情で笑う木田さんだった。

大川栄策で演歌の魅力を知る

時期を前後して木田さんは「演歌」に出会う。左官の親方が演歌好きだったことがきっかけだったと言う。

よく行くガソリンスタンドで買った大川栄策さんの8トラックを現場に行くトラックの中で聞かされでたのさ。トラックにトラックのシャレでねえよ(笑)。8トラックって、あの小さい弁当箱みたいなテープな。カセットデッキに入れるとガチャって派手な音っこして。大川栄策さんの『目ン無い千鳥』、最高に感動したね。「なんでこんな上手な人がテレビさ出て売れないのかなあ」って思ってたっきゃ『さざんかの宿』がはやったよね、ほんとにうれしかった。

大川さんの歌い方まねして、車の中で歌ったりしてな。おれが「大川さんは私の師匠です」なんて言うのはおこがましいけどさ、演歌好きになったきっかけは、間違いなく大川栄作さんだ。

それまでは南沙織さん、麻丘めぐみさん、キャロルさんなんかの曲をテープが擦り切れるほど聞いてたんだけどな。大川さんば聞いてからはアイドルに戻れなくなった（笑）。

そうそう、思い出した。ベンチャーズもよっぐ聞いたし、グループサウンズのブルーコメッツさんにもハマった。勉強机の上にノートをあっちこっち置いて、それをドラムに見立てて、そのへんにあった棒でバシバシ叩いてたっけ。

バンド？　それは組まなかったな。先輩は青年団のバンドばやってて、公民館や夏祭りで披露していたけどな。音楽は右耳からはいって左に抜けていくのがおれの聞き方。レコードを集めるとかの趣味もなかった。

柏市のスナックで「歌手初体験」

数年後、左官の仕事が減り始めた弘前市から、親方の紹介で千葉県柏市の左官屋に移った木田さんは、そこで「歌手初体験」をすることになる。

その左官屋は大きくて、東北や九州はもちろん、それこそ全国から大勢の職人が来てたの。大きな工事もやって、そこでの仕事がかなりおれの自信につながったな。

同じころにはいった職人さんで、岩手出身の斎藤さんという人がいたんだ。おれより5歳年上。左官仕事は3年目で、その前は13年くらい池袋で流しのギター弾きをやってたって言ってたな。

なんでも「池袋のサブちゃん」て呼ばれてたらしい。だけど娘さんが小学生になるのを機に「流しの仕事から足を洗いたい。手に職をつけなくちゃ」って左官屋になった。酒に飲まれるタイプだったから、酒を勧められるギター弾きは体がきつかったのかもしれね。足もちょっと不自由だったみたいだし。

でな、斎藤さん。実は薬指がなかったんだ。だけどギターはすごく上手だったなあ（笑）。

柏の繁華街のスナックさ飲みに行ったときのことだけど、有線から『風雪ながれ旅』が流れてて、それに刺激されたわけじゃないだろうけど、店にあったギターで斎藤さんが北島三郎さんや大川栄策さんの曲ば弾くわげ。で、ギターに合わせておれが歌ったら斎藤さんが「いや〜、上手いもんだな。感動した！」ってほめてくれてな。

客もよろこんでくれてさ、おれたちの飲み代を出してくれたの。だから柏では毎晩ほとんどタダで飲み食いしてた。あはは。

木田さんは「歌って対価を得る」という初めての経験をしたのである。まさに「プロの第一歩目」だった。

横浜でもディスコ通い!

そして数年後、木田さんは職場を神奈川県横浜市に移した。そのころから一般住宅はサイディング造り(パネルの外壁)が主流になり、左官の仕事は減り始めていた。

土方、下水配管、仕事ならなんでもやったな。住まいは飯場のプレハブ。請負仕事だったから朝の8時から仕事ば始めて、夜まで現場にいることもあれば午後の3時で上がることもあったりしてな。給料は日に1万2千円。土日はバイクや会社のトラックで友達の家さ遊びに行って。

いい時代でさ、会社の車を勝手に使って、しかもガソリン代は払わずだ。今じゃ大問題になるべ。それで六本木・新宿のディスコに行くの。もしかしたらそのころがおれの一番モテた「モテ期」だったかもしれないな。

ディスコで知り合った上野のクラブで働いでいだおなごの人。「あが抜げでるな」なんて思ったんだけど、よく聞いたら仙台出身だった（笑）。

綱島（神奈川県）でも歳上のスナックで働いでいだおなごの人と付ぎ合ったな。いや〜、バラ色の人生だった（笑）。

歌のオーディションも受げだりしてさ、それも大鰐に帰ってからだけど、「歌まね振りまねスターに挑戦‼」っていうテレビのオーディション番組から合格の通知が来てテレビさ出たの。北島三郎さんの『風雪ながれ旅』を歌って、プロ歌手の三門忠司さんに80対20で勝ったのさ。それで北島さんにも会うことができて、そりゃあうれしかったな。

実はそのときが２度目の挑戦でな、最初はさ憧れの大川栄策さんの歌で受けたけど落ちちゃった（笑）。

木田さんは間違いなく我が世の春を謳歌していた。そして智恵子さんと出会ったのも、このころなのである。

最愛の妻、智恵子さんと出会う

ふたりが出会ったのは木田さん25歳、智恵子さん21歳の夏だった。木田さんは「これがびっくりするような『縁』でな。今まであまり言ったことなかったけどさ、ほんと、すごいんだ」と勢いこんで語り始めた。

おれが盆休みで故郷の大鰐さ帰省したんだ。それでおれを待ってたえぐねけやぐ（悪友）だちと「海さ遊びに行くべ」となったわけ。

その帰り道だな。車がガス欠になっちまってさ。だけど当時はガソリンスタンドが遅い時間まで営業してないから、しょうがなくて「どっかにガソリンば分げでける奴いねべがな」ってみんなでウロウロしてたんだ。

「それって、どこかからガソリンを失敬しようとしていたんですか？」と私。

そったらことねえ。それじゃあ犯罪だべ。

「いや、この人は悪いことばっかりしてたはんで、わがんねえよ

〜」と智恵子さんは木田さんを睨みながら笑う。

な〜に言ってんだ。じぇんこ（お金）はあったんだよ。じぇんこはな。だけどガソリンスタンドがやってねえんだがらさ、誰ががら失敬するしかねえべ。そしたらよお警察に御用になっちまったんだ。

「ほれ、この通りですから」と智恵子さん。木田さんは笑いながら「おれたちは運ば悪かったんだ」と言う。

逮捕されて過酷な取り調べ

ウロウロしてたのが団地の駐車場でさ、その駐車場はタイヤが盗まれる事件が多発していたらしいんだな。それで団地の人たちが自警団を組んで警戒してたわけ。そこに行ったおれたちは、仕掛けられたワナさまんまとはまってしまったっていうわげさ。いや〜、ついてねがったんだねえ。

智恵子さんは「良ぐね事して、よぐしゃべるもんだっきゃ、罰あだりだよ」と言い、木田さんも「ま、そだな」と神妙な面持ちだったが、その後の顚末も面白おかしく話してくれた。

捕まったのが夜中の3時。5人がお縄になったかなあ。刺青入れでだヤズもいだはんで暴力団担当刑事が出てきてしまってな。大した事件じゃないからって、ほかの刑事は「おれらはもう寝るわ」って引き上げだんだ、と思ったらなんと、そっからマル暴担当の過酷な取り調べが始まったのさ（笑）。

最後にHの鉛筆で始末書だか調書だかにサインさせられたんだけど、そんときだって「おめ、薄くて全然読めねーど」って頭ば掴まれで机にガンガン叩きつけられてな。「なんでBの鉛筆ば用意してけねがったんだべ」って恨んださ（笑）。

結局、留置所には3日泊まったがな。何も被害ば出したわげでねがったがら厳重注意か何がで済んだんじゃながったべが。罰金ば払った記憶もねえし、裁判所に行った記憶もねえがらさ。で、この逮捕が母ちゃんと知り合う「縁」になったんだから人生さ、分からねえことばっかりだ。

逮捕が知り合ったきっかけに？

逮捕が「縁」とはどういうことなのか。

実は捕まったその日の朝に、勤め先だった横浜さ帰るはずだったのよ。したばって逮捕されだはんで帰るのが無理になってな。で、やっと釈放されだし横浜さ帰ろうと思ったっきゃ、今度は最終の汽車が出てしまって間に合わながったのよ。「せば、しかだねえなあ。ディスコさ行くべえ」ってなって、1500円で飲み放題食べ放題のディスコさ捕まったけやぐ（友達）ど行ったんだ。鍛冶町のディスコさ。まったく懲りねえ、おれは（笑）。

そのディスコが木田さんと智恵子さんの出会いの場になったのである。それゆえ木田さんは、「逮捕されず、予定通りに横浜さ帰ってれば母ちゃんとは出会えなかったわげさ」と言うのだ。

ディスコさ着いたらホールの真ん中で踊ったわけ。得意のステップで（笑）。そしたら後ろから何か熱い視線ば感じたんだな。それがコイツの視線だった。

得意顔で語る木田さんだが、智恵子さんは目を丸くして異議を唱える。

「な〜に言ってんだかねえ。もともと私は踊りもあんまり好きじゃなかったから、ディスコはそんなに行かなかったんですよ。盆と正月の年に2回くらい。だけどそのときは強引に誘われて、女友達6人くらいで遊びに行ってたの。

で、ホールを見たら着ているものもハデで『何だか変わった踊りをしている男の人がいるなあ』って気がついて、それで見ちゃったわけ。そんな気がなくても、あまりにも目立ってたからついついね。熱い視線ば送ってたなんて、そりゃこの人の作り話だわあ。勘違いだ（爆笑）」

智恵子さんがまくし立てると、木田さんはバツが悪そうに「当時はクロコダイルのマークがついたカーディガンにスラックス、つっかけサンダルなんていう格好の男が多かったけど、おれはボルトの黄色のTシャツに原色のジーパンなんか着てたから目立ってたわけさ。靴もかかとがちょっと高くなってて。靴の中敷が厚いシークレットブーツではないよ。おれはハイカラさんだったんだ（笑）」とやや的外れな再反論をしていたが、智恵子さんはそれを無視して証言を続けた。

お互いが「ナンパされた」と主張

「それで曲が終わって、ハーフタイムのときに、みんながテーブルにつくじゃないですか。そのとき私の斜め向こうにこの人が座ってたわけ。それで手をチョイチョイって動かして私たちの誰かを誘ってきたんだわ。

私は『誰が呼ばれてるんだ？　んだら、私が代表で行って聞いてくるわ』って感じでこの人のところさ行ったの。そしたらこの人が『どっから来たの？』って。私も『あんたはどっから来たのさ？』

って聞き返したら、涼しい顔で『弘前だ』だって。

これ、大ウソだべ（笑）。本当は大鰐でしょ。私は正直な人間だから『大鰐です』って最初から答えたの。そうしたらこの人の顔色がさっと変わって。『おれも実は大鰐だ』って（爆笑）。な〜に見栄はってたんだかねえ。

面識？　なかったですよ。お互いの家は6キロくらい離れていたし、学年も全然違いますから。だから私は思いましたね。『この人は女を誘うとき、いっつもこんな見栄っ張りの手口を使ってるんだべ。遊び慣れてるヤツだ』ってね。だから第一印象は良くなかったんですよ」

それでも木田さんは勇猛果敢に智恵子さんにアタックしたと言う。

「電話番号教えろさって言うのよ、ん？　何だこの人って思ってじらしてたら、そこら辺にあったマッチ箱を手にとって『これさ書いでけ』ってしつこく言うの。それでしかたなく電話番号を書かされてしまったわけ」と根負けした智恵子さん。

だから声をかけたのはおれだけどさ、間違いなくおれは母ちゃんにナンパされたと思ってるの。今でも。だって電話番号を教えてくれたしな。しかもあの熱い視線。何だか俺と母ちゃんの記憶が違ってるなあ（笑）。

あえて木田さんの肩を持てば、35年前のことだから記憶違いもしかたがないかもしれない。

しかしそれはさて置き、出会いから結婚まで木田さんは猪突猛進の中央突破を続けた。このあたりのバイタリティはさすがだ。

文通で愛を育んだ（？）

その翌日、おれは横浜さ帰るため夕方の6時に弘前駅へ行ったの。そこで急行電車を待っているあいだに、公衆電話から母ちゃん（智恵子さん）に電話ばしたんだ。マッチ箱に書いてあった電話番号さ嘘かもしんねえべ（笑）。だけどびっくり、本人が出た。母ちゃんは本当に正直な人だった（爆笑）。

「この人に電話番号を渡したとき、『私んちは親が電話に出て、それが男からの電話だったら私に取り次いでくんないからね』って言ってあったのに。私こそびっくりですよ。『それなのに、この人はなんでかけてきたんだ？』って。笑っちゃいましたよ」

その電話は「赤い糸」で結ばれてたんだべ。あ、公衆電話も赤色だった。

「それ、シャレだべか（爆笑）」と智恵子さん。

そしてその電話で木田さんは「これから横浜さ行くんだ」と智恵

子さんに告げたと言う。智恵子さんの返答は「ふーん、そっかぁ」。智恵子さんはクールな21歳だった。しかし木田さんはめげずに「手紙ばよこせ」と言い、電話を切ったそうである。

「だってそんとき、私には付き合ってたカレシがいたんですよ。同じ会社の人。だからこの人と付き合うなんて想像もしてなかったから」

しかし文通は続いたと言う。

「内容は人生相談みたいなことばかり。お互いの仕事の悩みや恋人の愚痴ば書いて。写真なんかも入れたりしてな。この手紙で二人の愛は深まったんだな」と木田さんは感慨深げに遠くを見つめた。

帰省したら智恵子さんに変化が！

そして11月の連休に木田さんは再び大鰐に帰省した。

もちろん、楽しみだったよ。『また、会えるんだあ』ってね。んでも正直なところ、手紙にはいっていた写真は見てても『本物はどんな顔だったかな？』って不安であった。なんつってもディスコは暗いから（笑）。

それでそのころは、カレシと別れたって手紙に書いてあったから余計に会いたかったんだな。

下心？　あった、あった。大ありだ。おれには彼女がいたけどね。

木田青年は前のめりになっていた。そして帰省直前、うれしさを隠しながら智恵子さんに電話した。しかし受話器の向こうの声はなぜかよそよそしい。

「ん？　なんだべ？」って思ったけど、まあおれは気にもしねがった。もう行く気満々だから。母ちゃんに会いたくて（笑）。

だけど会ってみると、声だけじゃなくて態度もなあんか変だった。実は元カレだかなんだかわがんねけど、そいつとよりを戻してたんだな。

「別れる、別れない」って手紙さ書いてあったから、おれはてっきり別れたとばかり思ってたんだ。だからたまげださ（笑）。

木田さんは大いに落胆した。しかし男気を出して智恵子さんに「別に俺と付き合っているわけでねえから、よりを戻したんならそっちのカレさ行ってもいいぞ」と言った。

かっこつけだけど、おれって男前だべ。そこに惚れたんだべさ、母ちゃんはさ。

男前の木田さんはその後、驚愕の行動に出たのだ。

愛車の前でポーズを決める
若かりし頃の俊之＆智恵子さん。
押しかけ彼氏となってご満悦の木田さん。

木田さんが押しかけ彼氏に！

横浜では左官の仕事も激減していて、「それだったら大鰐に帰るかな」と思い始めていた木田さんは、「手に職をつけねば」とバスの運転手を目指し、大型2種免許取得のために弘前市内の教習所に通った。偶然にも、別の教習所だが智恵子さんも運転免許取得のために通っていたのだ。

智恵子さんは教習所通いのため、ディスコに一緒に行った女友達と3月いっぱいの予定で半年間、アパート暮らしをしていた。そこに木田さんが転がりこんだのである。それから奇妙な3人同居生活が始まった。

「11月の連休でこの人に再会して、強引さに惹かれてしまった私は元カレときっぱり別れていました。『おれ、大鰐に帰るから。それまで頼む』ってアパートに転がりこんできたときは本当に驚きました。『この人、いったいなんなんだ』って（苦笑）。

でも私たちのアッシー君となってくれて、毎日の通勤から買い出しまで車で送り迎えしてくれました。マメなんですよ。そんな奇妙な同居生活が1ヶ月ほど続きました」と智恵子さん。

そして木田さんは智恵子さんにプロポーズした。

もともと「結婚するなら地元の女性と」って決めてたから。いずれは大鰐で百姓をしようと思ってたし、それだばリンゴの木がどうゆうものかを知らない人とは結婚できないべさ。それで母ちゃんに「おれ、結婚きめた。嫁さ来い」ってプロポーズしたわげ。

「言われたときの感想ですか？　私の父親に『おめの結婚相手は百姓の長男』という条件があってね。そんなこと言ったたって、付き合う前の彼氏に百姓の長男？　って聞く女はいないでしょ。でも、親の反対を押し切ってまでも結婚する勇気もなく、たまたまですね、この人は農家の長男。父親の条件もクリアするし、まあ、いいかってね。たぶん、彼と出会って自分の居場所を見つけたんだと思います」と智恵子さんははにかみながら告白してくれた。

そして6月に結納、9月に結婚。

「〝できちゃった婚〟じゃないですからね」と智恵子さんは笑う。

木田さんは「考えるより行動」で幸運を呼びこんできたようにも思える。

それを言うと「悪運が強いんだな」と笑うが「絶対になんとかなる」という信念があったからこそだろう。

それに対しても木田さんは「信念？　そんなもん、おれにはないない。行き当たりばったりだ」と大笑いした。

紆余曲折を経て
木田さんは智恵子さんと結婚する。
26歳と21歳の秋だった。

体の異変に気がつく

2種免許取得後、木田さんはバス運転手の就職先を探したが空きがなかったためタクシー運転手の職に就いた。

手取りは13万円くらいだったかな。同世代の平均よりちょっと良かったと思う。田舎だから地元のお客さんばっかり。「病院さ行ってくれ」「駅さ行ってくれ」って。お年寄りばっか(苦笑)。結婚前で稼ぎたかったから、頑張って朝の3時ころまで仕事したな。

非番の日はやることがないから冬はスキー。リフト係が昔からの知り合いだからリフトはフリーパスだ(笑)。ポーチにおにぎりを2個入れて、朝から晩まで滑ってたな。

夏は逆にやることがなんもない。「何をやっかなあ」って思ってたときに、月謝が必要ないカラオケ教室があることを知って、それに通うようになったわけさ。

なんで授業料がないか？　先生の本業が郵便局員。つまり公務員だったから（笑）。公務員は副収入を得るわけにはいかなかったわけさ。スナックとかでも教えてたみたいだけど、おれは先生の自宅で教えてもらって。

生徒は10人くらいかな。みんな上手だった。生徒が中心になって夏祭りで歌ったこともあったさ。

仕事は順調、そして好きな歌を思いっきり歌い、「小学生のときは一番だった」というスキーも楽しむ日々を送っていた木田さん。結婚した翌年には長男が生まれ、３年後には次男が生まれた。幸せだった。

しかし病魔は確実に木田さんに忍び寄っていたのである。そして

30歳のときに「筋ジストロフィー」を発症した。木田さんが初めて体に異変が起きたときのことを振り返り、語ってくれた。

長男3歳、次男が生まれたばかりのころだったな。長男と弘前公園でかけっこしていたときに、足がついてこなくて上半身からドタ〜って前につんのめるように倒れちゃったの。

ちょっと前からふくらはぎの感覚がおかしくなってて、つま先の蹴る力なんかも弱くて「なんだか歩きにくくなったな」とは思っていたんだけどな。なんていうかなあ、ベタベタって歩く感じになってたわけ。

けど、タクシーの運転手だから「きっと運動不足で筋力が落ちたんだべな」くらいにしか考えてなかったんだな。

それでタクシー会社の社長に転んだことを話したら心配してくれて、社長が懇意にしていた弘前大学附属病院の先生に紹介状ば書いてくれだの。今思い返せばなんだげど、腕の力も弱くなってた気がするなあ。だけど運転は支障なくできたから、あまり心配はしてなかった。

診断は筋ジストロフィー

（遠位性ミオパチーによる両上下肢機能の全廃）

20日間の検査入院で下された診断結果は「遠位性ミオパチー」だった。遠位性とは、体の中心より遠い部位から筋萎縮が発症することである。

お医者さんから「筋肉が萎縮して治ることが難しい病気です。手足や首の筋肉が徐々に衰えて動かなくなります」って言われたわけさ。んでも実感がなくて、ドラマみたく「が～ん」なんてならなかった（苦笑）。だって、なんも日常生活さ支障がないんだから。「おれ、ほんとに病気なのか？」って。

それに子供がちいせかったから、実際のところ落ちこんでる暇なんてないと思ってたしな。だからタクシー運転手は続けさせてもらった。お医者さんには「運転のお仕事を続ける？　私はあなたが運転するタクシーには乗りたくないなあ」なんて思いやりのない失礼なこと言われたけどな。

智恵子さんも木田さんの言葉にうなずいた。

「走るときにちょっと不便そうかなって思うだけで、いつもは普通のときとまったく変わらないし、仕事にも行けてたから実感はなかったんですよ。『筋ジストロフィー？　そうなんだ』くらい。だけどだんだん、この人の体が動きづらくなってきたとき初めて不安になりました。この人の体もそうですけど、この先、ふたりの小さな子供を抱えて生活はどうなっていくんだろうって」

ほどなくして木田さんは「開いた脚が戻らない」という経験をする。

左カーブのとき、遠心力で右足が外側にもっていかれたの。だけどそれを自力で戻せなくて、足がアクセルからブレーキに移せなかった。それで衝突してしまった。カーブだから時速10キロほどだったけど、大ショックで運転が怖くなっちゃってね。

医者の言ったことが現実になったのである。発症から6年。36歳だった。

生活は激変していった

タクシー会社を退社後、失業保険を受けたりサウナのフロントなどをして収入を得ていた。智恵子さんもクリーニング用品の配達、保険外交員、弁当店の調理配達をしたが家計は火の車だった。しかもセーフティネットである障害者年金は受けていなかった。

「障害者年金のことは知らなかったんですよ。知り合いに言われて、初めて社会保険事務所に行ったんですけどほとんど門前払い。係りの人に『だって、今は働いているんでしょ』と言わましたね。だから『それだって生活は大変なんです。そういった苦労をしている人のための社会保険事務所でしょ』って怒鳴ってやりました(苦笑)。

そしたら『今話した内容を全部この用紙に書きこんでください。奥さんの言うことはよく分かりましたよ。本部に送ってみますから。上司も鬼じゃないからわかると思うんです』って、まるで他人事のようにすらすらと話すんですよね（苦笑）」

そして患者の苦しい胸の内も語ってくれた。

「障害者年金って、等級が進むと給付される金額は高くなるけど、その申請をためらう人が多いんですよ。だって等級が進むということは、イコール病気が進行しているということですから。それは認めたくないじゃないですか。つらくなりますから、誰だって」と智恵子さん。のちに木田さんは障害者1級の申請をして受給資格を得た。

木田さんは自殺を考えたことも

夫婦が心がけたのは「なるべく子供には心配をかけない」だった。

「子供が学校から家庭調査書みたいなものを持って帰ってきたんです。父親の職業欄があって、そこに『無職』と書くことがつらかったので空欄で提出しました。そしたら先生から『木田くんのお父さん、お仕事のところが空欄だけど何もしていないの?』と聞かれたらしくて、息子は『何もしていない』と答えたそうなんです。

そしたら『そう、お母さんが一生懸命に仕事をしているのね。偉いなあ』って言ってくれたそうです。くじけそうなときだったのでその優しい一言に涙が出ました」

木田さんは言う。

おれは自分の病気のことで精一杯で、金も稼げず経済的なことでは苦労ばかかげだ。

若いときは「健康なら、何をやったって飯は食える」って思っていたけど、その「何をやったって」ってことすら、できなくなったもの。

ほとんど仕事もできなくなって家に引きこもる毎日。昼はテレビ見て、体調が良ければ洗濯や掃除をする。風呂掃除は風呂場に椅子を持ちこんで座りながらやった。そんな生活だった。生きる気力も失いかけていました。住んでいた公団は4階にあったんだけど下が芝生。

「だば、ここから落ちてもまともに死ぬこともできないな」とか、「だったら風呂場で手首を切ったらちゃんと死ねるかな」なんてことばっかり考えでた。死んだら保険金がおりるから。家族も楽になれる。

そんな木田さんの気配を察した智恵子さんは「死ぬ気なの？　あんたが死ぬのは無責任だからね。子供たちは一生『自殺した父親の子』を背負っていくことになるんだよ」と叫んだ。

その言葉に木田さんはあたりをはばからずに泣いた。「んだな、死んだら終わりだな」とつぶやきながら。

長男の何気ない思いやりも

「今思い返せば、病気のことより『今日1日、どうやって食べるか』ばかりを考えていたと思いますね。

父母が野菜なんかは持ってきてくれるけど、やはり食べ盛りの子供がいるから大変だった。そんなだったから、子供たちにはろくなものを食べさせてなかった気がしますね。でもちゃんと大きくなった。なんとかなるもんです（笑）。

高校も『私立に入れるお金はないからね。高校に行きたいなら公立。公立がダメなら無理して高校に行かなくてもいいんだから』って。そう言われると頑張るもんですね（笑）」と智恵子さん。

子供2人が部活でバスケをやってたんだけど、その試合を見るのが一番の楽しみだったな。母ちゃんの運転する車で遠くまで試合ば見にいって。どこも強いチームでな。応援に力がはいった。運動会を見るのも大好きだった。子供が唯一の楽しみだった。

男親だから会話はそんなになかったけど、長男が小学校5年のときだったかな。階段ば降りるどぎ、長男がおれの前に立ったの。

そして後ろ向きで無言のまま肩ば出すわげ。『ほれ、おれの肩さつかまれ』って感じにね。これはうれしかったな。人の痛み、苦しみが分かる優しい子に育ってくれて、ほんとにうれしかった。

それで、『そっか、死んだら終わってたな。子供のこんな優しさも知ることがなかったんだな』って涙が止まらなかった。

そこからさ、『よし、おれも頑張らねば』って気合いがはいったの。

ある人との出会いが木田さんを変えた

就職のため職業訓練を受け、パソコン技術なども習得した木田さんだったが、日に日に病状は進行していく。

指先にも力がはいらなくなり、視力も落ちてきた。再び気持ちがふさいでしまうようになった木田さんを救ったのは、あるテレビ番組だった。

筋ジストロフィー患者が集まる会を取り上げた番組でね、皆さんがとても明るいんですよ。それでおれはすぐに、その会のリーダーに連絡をしたら「近々、東京に行くのでお会いしませんか」と言われ、日程を合わせて上京したの。

その方は6歳のときに発病して、医師から「二十歳までの命」と宣告されたそうでな。小さいころは転んでばかりだからいじめられたと言ってた。

そのリーダー、会ったときは確か36歳だったかな。すごく強く生きているの。

話をしているうちに、「みんな頑張ってるのに、おれは何やってんだ」って自己嫌悪になって。

それでおれは「今のおれにできるのは歌うこと。歌は座っていても歌える。歌いたい。よし、歌手を目指すぞ」って心に決めだわげ。

久々にグ~と熱いものがこみ上げてきた（笑）。

妻に内緒で歌謡コンテストに出場

そして木田さんは、東北地方で行われる歌謡コンテストを探した。

有名な作詞家や作曲家の先生が審査員のコンテストに絞ったの。そこで先生の目に止まれば、デビューの道が開ける可能性が高まると思ったからな。だけどなかなか上位さ食いこむことはできなかったなあ。

コンテストに出場することは智恵子さんには言えなかった。

「ひとりで働いて家計を支えている母ちゃんに、『歌のコンテストに出る』なんて、なんだか道楽をしているようで言えないべさ」と木田さんは苦笑する。

しかし智恵子さんは気がついていた。

「そんなの隠せっこないべさ(笑)。だって病院の日でもないのに朝から出かけて行くし、家ではなんだか歌の練習ばっかしてるし。コンテストのパンフレットだって放ってあったんだから(苦笑)。だけどプロにはなれなくても、好きなことをやってくれて、そこに生き甲斐を見つけてくれればいいなと思っていました。外出すれば気分も変わりますしね」

有名コンテストで優勝

木田さんは「コンテスト荒し」のように、いくつものコンテストに出場した。そして次第に上位入賞、ときには優賞トロフィーを持ち帰ることもあった。そして98年、プロ歌手の道が開ける出来事があった。

木田さんは筋ジストロフィー発病後に
智恵子さんと二人三脚でプロの歌手を目指し
次々と歌謡コンテストを射止める。

青森県尾上町（現平川市）出身の作曲家で、北島三郎さんが歌う『北の漁場』も手がけた音楽界の重鎮的存在、櫻田誠一氏が主宰する「第四回櫻田誠一杯　全国演歌大賞」に出場。櫻田氏が作曲した『蟹船』を歌い、見事優勝したのである。

司会者さんから「優勝は、エントリーナンバー12番、蟹船を歌った木田俊之さんに決定いたしました」って聞かされたときは、もう頭の中が真っ白さ。櫻田先生がステージに上がってこられて、握手を求めてきてな。おれも力のはいらない手で先生の手を握り返した。自分よりも大きなトロフィーをいただいて、涙が止まらなかったっけ。

『蟹船』はさ、メロディが好きでな。この歌を歌うときは両親の顔が必ず浮かぶんだ。休むことなく、家族のために一生懸命働いた両親の姿がな。

この優勝をきかっけに、木田さんはキングレコードと専属契約をすることになった。そして櫻田氏のもとに、『蟹船』と『こころ』を歌わせてもらう許しを得るために訪問した。

先生はすぐにＯＫば出してくれてな。「木田くんはハンディがあるのに頑張り屋だ。歌の勉強もよくしている。普通の人よりも何倍も何倍も努力している」って言われて、お世辞だろうけどうれしかったなあ。

いよいよ歌手デビュー！

平成10年12月4日、演歌歌手の木田俊之がデビュー。41歳になっていた。

デビュー1週間後には大鰐町でデビュー記念チャリティコンサー

トを開いた。そして毎週末、智恵子さんと共に県内のレコード店でプロモーション活動を行い、自らも店頭でCDを販売した。

何もかもが初めての経験でな。忙しかったけど楽しかった。だけど注目されたのは最初だけ。

先輩歌手から『デビューして2、3年後が一番しんどい』って聞かされていたんだけど、まったくその通りになっちまってな。出口のない、真っ暗なトンネルの中にいるような気持ちになってしまって。

レコードを出してもデビュー当時ほど売れない。ショップからプロモーションの声もかからない。「おれは歌手としてやっていけるのか」「生活はどうなるのか」。不安ばかりが募った。

みちのくレコード会長と出会い……

そんなとき出会ったのが、当時「みちのくレコード」の設立に奔走していた山形県南陽市在住の白岩英也会長だった。木田さんの評判は以前から聞いていたと言う。

「みちのく歌謡連盟理事の方から、『病を抱えながら車椅子で各地に移動して活動する、ものすごく上手な歌手がいるのでぜひ会ってくれないか』と、木田さんがアマチュアだったころから言われていたんです。

でもなかなかご縁がつくれずに、確かデビュー3年後だったかな、山形県南陽市赤湯温泉で開催されたカラオケ大会にゲスト出演していただくことになったのです。

そのころはまだ、補助は必要でしたが自力で歩けていました。しかしステージでは椅子に座って歌うと言う。正直、『本当に歌えるのかな』って思いました。

しかし歌を聞いたら全身に震えがきました。『こりゃ、本物だ！』って」（白岩会長）

みちのくレコード専属歌手第1号に

そして白岩会長は木田さんに「歌謡界で苦労している歌手、作詞家、作曲家の力になりたい。そのためになんとしても、みちのくレコードを立ち上げるんだ」と熱く夢を語った。
「木田さんも私の情熱に突き動かされたんでしょうか（笑）。キングレコードと会合を重ね、円満な形で移籍してくれまして、みちのくレコードの専属第1号の歌手になってくれたんです」（白岩会長）
平成14年5月、木田さんはみちのくレコードから『奥羽山脈／じょんがら恋来い』をリリースした。

木田さんは当時を振り返り「今もそうですが、あのころは今にも増して『ある言葉』を胸に刻んでいたんですよ」と教えてくれた。


知り合いの住職さんから「あいうえおの心」と「かきくけこの心」という話を聞いたの。「人の心には、あ＝明るく、い＝生き生きと、う＝うれしそうに、え＝笑顔で、お＝おもしろくがある。一方で、か＝悲しそうに、き＝きつそうに、く＝苦しそうに、け＝けだるそうに、こ＝怖そうにもある。それは表情にでる」と。

思い返すと病気のことで、おれは「か行」ばっかりだった。だけど歌うことで「あ行」になった。やっぱり人間が生きていく上で、生き甲斐は必要なんだな。「みちのくレコードで、白岩会長ともっともっと『あ行』を求めていこう」って決心したわけさ。

木田さん夫婦の日常

言うまでもなく、木田さんの日常生活と歌手活動は智恵子さんの介助なくしては成り立たない。

映画撮影最終日、私は図々しくも地元の料理屋の大広間で盛大に行われた打ち上げの席にお邪魔させていただく機会を得た。近くには車椅子に乗った木田さん。そして木田さんの横には智恵子さんが正座をしていた。

関係者の挨拶と乾杯のあと、食事会が始まった。「何が食べたい?」と木田さんに尋ねる智恵子さん。木田さんは「そのタケノコ」とテーブルの上にある茹でた新タケノコを目で追いリクエストすると、智恵子さんがタケノコの皮をむき木田さんの口に運ぶ。

そして飲みこんだあとでコップにはいった烏龍茶のストローを吸

わせる。「次は？」「エビフライ」。智恵子さんはエビフライを箸で取る。木田さんがそれを食べ終わると口の周りをおしぼりで拭いてあげる。

木田さんの咀嚼力に問題はないようだったが、智恵子さんが運ぶひと口分の大きさは、やや小さい。あまり大きいと、むせてしまうからだ。

木田さんが料理を味わっているあいだに、智恵子さんは並んだ郷土料理を自分の皿に取り、急いで食べる。そして木田さんが食べ終わったらまた何が食べたいか聞く。おそらくこれが、木田家のいつもの食事風景なのだろう。

「それにしても大変ですね」と私が声をかけると、「だって私がこうやってしてあげなくちゃ、この人どうやって食べるんだべ。それにすごくよく食べるんだから」

智恵子さんはそう言って笑った。その笑顔に私もつられて「そうですよね」と笑い返してしまった。よくよく考えると不謹慎である。

しかし木田さん本人も私たちの会話を聞きながら、車椅子の上で「あははは」と笑っていたのだった。そんなことも笑いにしてしまう夫婦なのである。

移動は妻の運転する車で

東北地方を中心に歌手活動をしている木田さんだが、青森県はとても広い。移動は智恵子さんが車を運転する。愛車はホンダのオデッセイ。介護車両である。

木田さんの指定席は助手席。目的地に着くと、智恵子さんは助手席のドアを開け、カーゴスペースから折りたたまれた車椅子を運び出して助手席の横につける。昨今はアルミ製になり、12キロ程度と軽量化が進んだ車椅子だが、女性にはやはり重いだろう。

そしてリモコンのスイッチを押すと助手席が外側にせり出してき

て90度左に曲がる。智恵子さんは木田さんの両足を地面につけ、木田さんの両脇に腕を入れて抱っこするように抱えるのだ。細身の智恵子さんが体重80キロの木田さんを持ち上げて車椅子へと移動させるのだ。私はハラハラしながら見つめた。

「移動のコツは〝セーノ〟で息を合わせ、思いっきり胴周りに回した両腕で引き上げすぐに隣の椅子へという感じです。手首が痛くなったり、腱鞘炎になったりするのはしょっちゅう」と木田さんを抱えながら智恵子さん。相撲の決まり手で言うなら、「寄りきり」あるいは「つり出し」である。

そして「よっこらしょ」と車のシートから車椅子に座らせる。ドスンといった感じで木田さんが車椅子に収まった。失礼を顧みずに書かせていただいたが、収まったという表現がピッタリの瞬間だった。

「この人、ほんっとに重いんだわ〜。は〜。私が病気になる前にはやく痩せてもらわないとね、介護ができなくなったら、この人は介護ホームにはいらなくちゃならないでしょ。だからとりあえず『やせて』ってお願いしてるの。体を動かしてカロリーを消費することができないから、ごはんは茶碗に三分の一。それでもお土産にいただいた甘いお菓子なんかをペロリと食べちゃうんだからねえ（笑）」

ここでも明るく笑う智恵子さん。「だば、少し痩せねばな」と木田さんも笑った。

入浴、トイレも智恵子さんが手助けする。

「お風呂は湯船に板を渡してあって、車椅子から抱きかかえてそこに座らせるんです。両足を湯船に入れて、それからゆっくりと湯船の中に浸からせて。上げるときは浮力で両足を突っ張って抱きかかえて上げる。頭と体を洗うってな具合です。普通1分かからないようなことでも5分以上はかかりますね」

トイレも同様な方法で行うと言う。自宅はバリアフリーに改装されているが、トイレのために夜中に起こされ、「ん、もう～」と思うこともあるそうだ。

木田さんの妹も筋ジストロフィー患者

実は木田さんの妹さんも筋ジストロフィー患者である。木田さんが検査入院したとき「念のために」と妹も受診したら、医者から宣告されたのだと言う。

8歳下の妹。弘前の大きな中華料理店でウエイトレスをしていたの。検査を受けたときはおれの方が進行していたんだけど、5年後には妹の方が重症化していた。

病気の後に妊娠が分かって産むかどうか相当悩んだみたいだけど、妹は産むことにしたんだな。

産まれてきたのは男の子。ほんとにいい子でさ、家のことだって小さいころからよく手伝ってくれてた。今は妹も寝たきりだけど、病院の送り迎えもちゃんとやってくれてる。妹は無理してでも産んでよかったと思うな。息子が生きがいで、あいつの生きる励みになってるから。

木田さんの長男が父の病気を語る

筋ジストロフィーは遺伝性があるとも言われている。木田さんには二人の息子さんがいらっしゃるが、お子さんたちはどのような心持ちでおられるのか。ご長男の優一さんに話をうかがった。

優一さんは青森県内の大学を卒業後、福祉施設の職員になり知的障害者のケアをしている。平成25年に大学の後輩と結婚した。

「大学は社会福祉学科で学びました。この学科を選んだのは、やはり父の病気のことがきっかけで福祉に興味を持ったからですね。仕事はすごくやり甲斐がありますし、知的障害の方々のお世話ですか

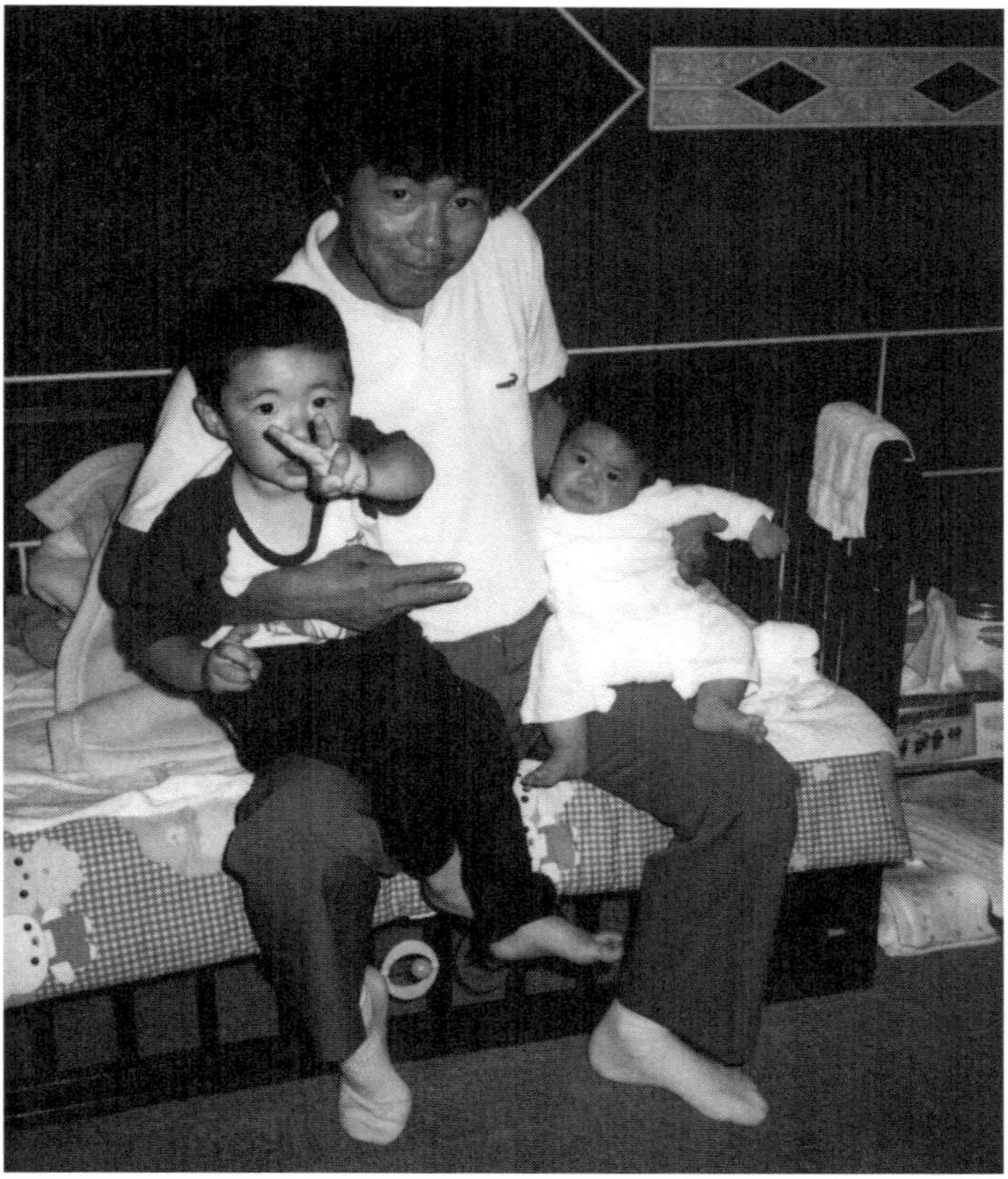

二人の息子も成人し、
いのちある限り歌い続ける
父を応援する。

ら、皆さんが不安な気持ちにならないように『仕事は楽しく』という気持ちを大切にしています。

僕は父が元気なころの記憶が残っています。一緒にスキーに行ったこととか。すごく上手に滑ってカッコよかったですよ（笑）。

だけど小学校低学年のときでした。なんでもない斜面で転んじゃったんです。それから団地の階段がなかなか上れなかったり、ご飯のとき箸がスプーンになったりしたので『だんだん悪くなってるんだな』ってわかりました。

そのころ母は、保険の外交の仕事をしていましたね。『契約が取れた』とか言って喜んでいたことを覚えています。そんなときは晩ご飯のときにビールで乾杯していて、母のうれしそうな顔を見るのが好きでした。僕もなんだかホッとしたりして（苦笑）。

筋ジストロフィーのことは高校生のときに調べました。もちろんそれより前に遺伝することは知っていました。父から『この病気は遺伝するかもしれない。でも発症リスクはすごく低い』と聞かされました。父はお医者さんから細かく聞かされていたようですね。

不安ですか？　自分が罹る不安より、今はまだ子供はいませんが、子供を授かったときにその子に（症状が）出るのかどうかという不安はあります。

妻とは大学時代からの付き合いですから、すべてを話していました。そしてちゃんと分かってくれています。妻のご両親にも説明しました。私たちの遺伝子を受け継いだ子供が発症する確率、もし、あちらのご家族の係累に筋ジストロフィーの方がいらっしゃったら発症する確率はより高くなりますが、そうでなければ心配はいらないことなどです。

両親に対して思うことですか？　照れるなあ(笑)。父のことはすごく尊敬しています。自分が社会人になって、父はよくあの体で頑張ってきたなと。その姿をずっと見てきたわけですから。尊敬します。できる限り長く、歌っていてほしいですね。

母は本当によく頑張ってくれていると思います。僕たちが小さいときはよく夫婦喧嘩をしていたんですけどね。大学にはいってから一人暮らしをするようになったんですが、たまに家に帰ったときなどふたりのやりとりを聞いて『あれ、仲がいいんだ』ってちょっとびっくりしました（苦笑）。

しんどかったり、無理したりすることが多いと思うんですけど、体には本当に気をつけてほしいですね」（長男・優一さん）

歌えなくなる怖さ

木田さんはこれまで通算シングル9枚、アルバム2枚のCDをリリース。ラジオ出演、テレビ収録、そしてコンサート活動を精力的にこなしている。

しかし「明日、もしかしたら歌えなくなるかもしれない」と、いつも思っているそうだ。

「歌っているとマイナスなことは考えない。だから歌えなくなったら何もかもなくなっちまう気がするんだ。それが今は本当に怖い」と木田さん。

智恵子さんもその怖さは感じているが、毎日「なんとかなるさ」と考えながら生きてると言う。

「そりゃあ、この人が転んだりしたら『こうすればよかったかな。ああすればよかったかな』って考えて落ちこむけど、結局のところそれに対する答えは出ないんですよ。だって擦り傷なら治るけど、この病気はよくならないんです。治療法がないということはとても残酷で過酷です。

歌もそうですね。歌えなくなる心配はありますね。けど、それだからあえて『なんとかなるさ』って思うようにしてます。そう思わなくちゃ苦しくなるだけでしょ。

それと『10のことをして9の苦しいことがあっても、1の楽しいことがあると9の苦しいことは消えちゃう』っていうことに気がついたんです。日々、小さな幸せを見つけられればそれが幸せかな。人との出会いだったり、季節の移ろいだったりと気持の持ちようで何とでもなるような気がします。それで救われていることが多々ありますね」

白岩会長が映画「いのちあるかぎり　木田俊之物語」を製作するきっかけも、木田さんの「歌えなくなる怖さ」を知ったからだと言う。

「もしかしたら木田さんに残された『歌える時間』は少ないかもしれないということが頭をよぎったとき、いてもたってもいられなくなりました。

もちろん知り合った当時と今とで、まったく声も声量も変わらないことに驚かされますよ。歌に対する思い入れが病気の進行をストップさせて、今の木田さんを作ってるんじゃないかとも思います。

だけどもしいつか、木田さんが歌えなくなったときがきても、そのときは木田家の人々の歴史はなんとしても残しておきたかったんです」と言う。

そして「だからなんとしても彼の夢であり、僕の夢でもある紅白歌合戦の舞台で歌ってもらいたい、同じ病気で苦しんでいる人たちに勇気と希望を届けて欲しい。そして命あるかぎり、歌ってもらいたい」とも言う。

久しぶりのラブレター

最後にご夫婦に、それぞれにあてたラブレターを書いていただいた。結婚前、「文通で愛を育んだ」（木田さん）とおっしゃっていたが、手紙をお書きになるのはおそらく数十年ぶりのことだろう。木田さんの手紙は私が口述筆記させていただいた。

〈智恵子さんから木田さんへのラブレター〉

木田俊之様

早いもので結婚して30年以上が経ちました。結婚する前はよくこうやってペンを走らせ、遠距離恋愛を楽しんでいたように思います。便せんにびっしり書きこんで分厚い封筒をだしても返事はぺらっぺらの一枚の便せんに、1、2行だけ、……必要な要件のみ。

当時勤めていた職場に電話の回数が増えました。今考えると手紙は苦手だったのですね。なんだかとっても懐かしく、手紙ひとつでこんなにも昔を思い出すなんて歳とったなあとつくづく思います。

10代20代と暗かった私の人生、……結婚して一緒に暮らして行く中でたくさんの経験がありました。たくさんの失敗もありました。そして今があります。色々勉強させてもらいました。まだまだ勉強の最中です。

結婚当初はよく喧嘩もしましたね。喧嘩した次の日は口をききません、目も合わせません、もちろん同じ場所になんて居たくありません、当然です、それが2、3日続きましたね。約束しましたね、結婚する前、喧嘩しても次の日は何もなかったように笑える夫婦でいようねって。

覚えてますか……若かったですね、……思わず笑ってしまいます。この言葉は息子たちに捧げましょうね。

病気が発覚して子供の成長とともに生活ががらりと変わりました。きっと今の生活の準備だったのでしょうか。忙しい毎日でした。

発育盛りの息子たちにどんな料理を作って、どんな物を食べさせたか記憶にございません。

よくぞすくすくと育ってくれました。親は無くとも子は育つ、とは申せませんがそんな感じでしたね。いつか息子たちに尋ねてみたいと思います、母の料理は美味しかったかと……。

子供のころは、はやく大人になりたくて意気こんで、大人になったらなったであっという間に月日が過ぎてしまう、……そんな人生ですがこれからも今までどおりふたり道を喧嘩しながら笑いながら、楽しい人生でありますように頑張りましょうね。

何のとりえもない私と結婚して下さって有難うございます。

わがままでごうじょっぱりな私を妻にして下さって有難うございます。

ふたりの息子の母にして下さって有難うございます。

30数年も夫婦でいて下さって有難うございます。

あなたのそばで生活できる毎日に感謝致します。

どうぞこれからも宜しくお願い致します。

じょっぱり女房より

〈木田さんから智恵子さんへのラブレター〉

結婚して34年になるかな。いや35年かな（苦笑）。おれの病気のこともあったり、大変なことが多くて離婚寸前までいったこともあったけど、そんなこんなを全部乗り越えて今があると思ってるんだ。結婚してから、今が一番幸せだと感じてる。一言で言えば、母ちゃんには感謝の言葉しかないな。

20年くらい前から寝返りが打てなくなった。10年前から自分ではトイレにも行けなくなった。今はもう、自分では何もできなくなったけど、なんとなく母ちゃんには気を使わずにお願いできる。もちろん、ちょっと気は使ってる（笑）。

なんていうのかな、あまり気を使わない夫婦になれたのかなって、おれは思ってるの。おれの障害があってもなくても、今のようないい感じの夫婦になってただろうな。

繰り返しになるけど、心の底には感謝の気持ちばっかりだ。それと、言うのは照れるけど幸せだ。そしてお礼の言葉「ありがとう」を伝えたいな。

母ちゃん、ありがとう。北国の人は口下手でな（苦笑）。
ここで伝えておくから。

俊之

木田さんの生きるチカラ

木田さんはよく「縁」という言葉と「お陰様でな」という言葉を使う。そしてその言葉を使うときは必ず笑顔を浮かべている。それはどちらかというと「はにかみ」の笑顔である。それは単なる社交辞令ではなく、自身に関わってくれたあらゆる人々との縁、そして歌に、心の底から感謝しているからこそだろう。

「歌えなくなったら怖い」と木田さんは言っていた。

間違っていたら大変申し訳ないのだが、木田さんは「そのときはいつか必ずくる」と覚悟しているのだろう。

「だったら歌える今、この瞬間を大切にしたい。もっと歌いたい。多くの人に聞いてほしい」と思い、願い、勢力的に舞台に上がっているのだと思う。

何度かミニコンサートにもお邪魔させていただいた。スタッフさんたちと笑いながらバカ話し（すみません）をしていた楽屋から舞台に移動していく木田さんの表情は、舞台までの距離に反比例してだんだん険しくなっていく。しかし矛盾するが穏やかでもある。

私はその変化を間近で見て、「木田さんは命をかけて楽しみながら歌っているんだな」と思った。木田俊之の「生きるチカラ」が、確かにそこにあると感じた。

木田さんは「おれには歌があった。それが生きていく希望と目標になった」と言っていた。その言葉は病気と闘っている人、ちょっとだけ人生、生活につまずいている人などすべての人に「おれの何か」を見つけて、それを「生きるチカラ」にして欲しいという願いでもあるのだろう。

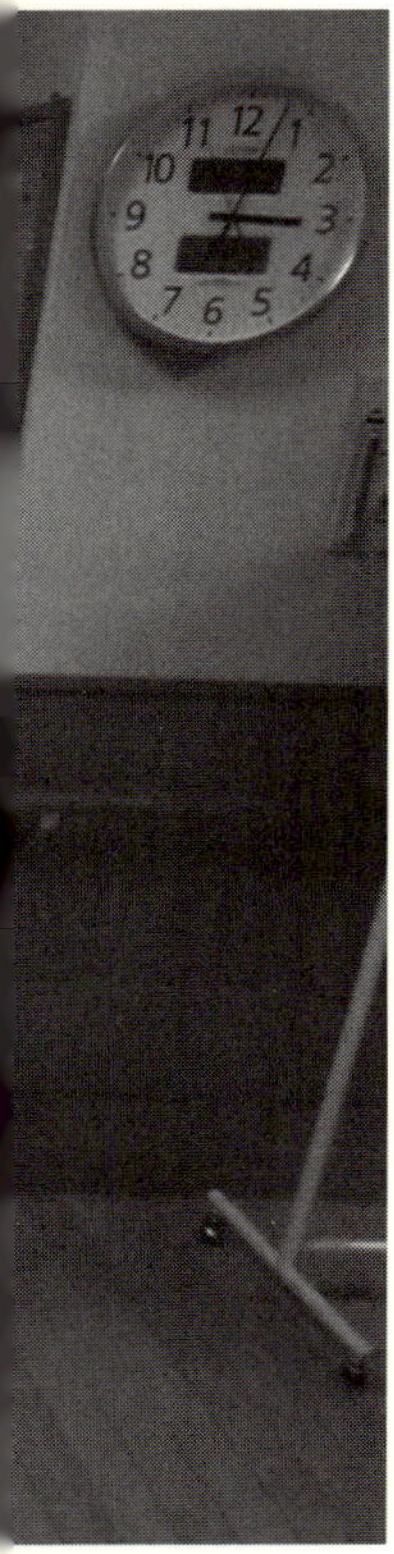

また「歌い続けること」で木田さんは「今日も歌えた」と安堵し、支え続けてくれた人々に恩返しをしているのだと思う。

年下の私が生意気なことを書いてしまいました。木田さん、間違っていたら「そっだらことねえ」とお叱りください。

そして木田さんが不安に思っている「そのとき」が、いつまでもこないことを木田さんのファンとともに願っています。

体調がすぐれないときも、笑顔でインタビューに応じてくださったことに感謝申し上げます。

そして智恵子さん、いつまでもお元気で木田さんと「夫婦漫才」をしてください。ありがとうございました。

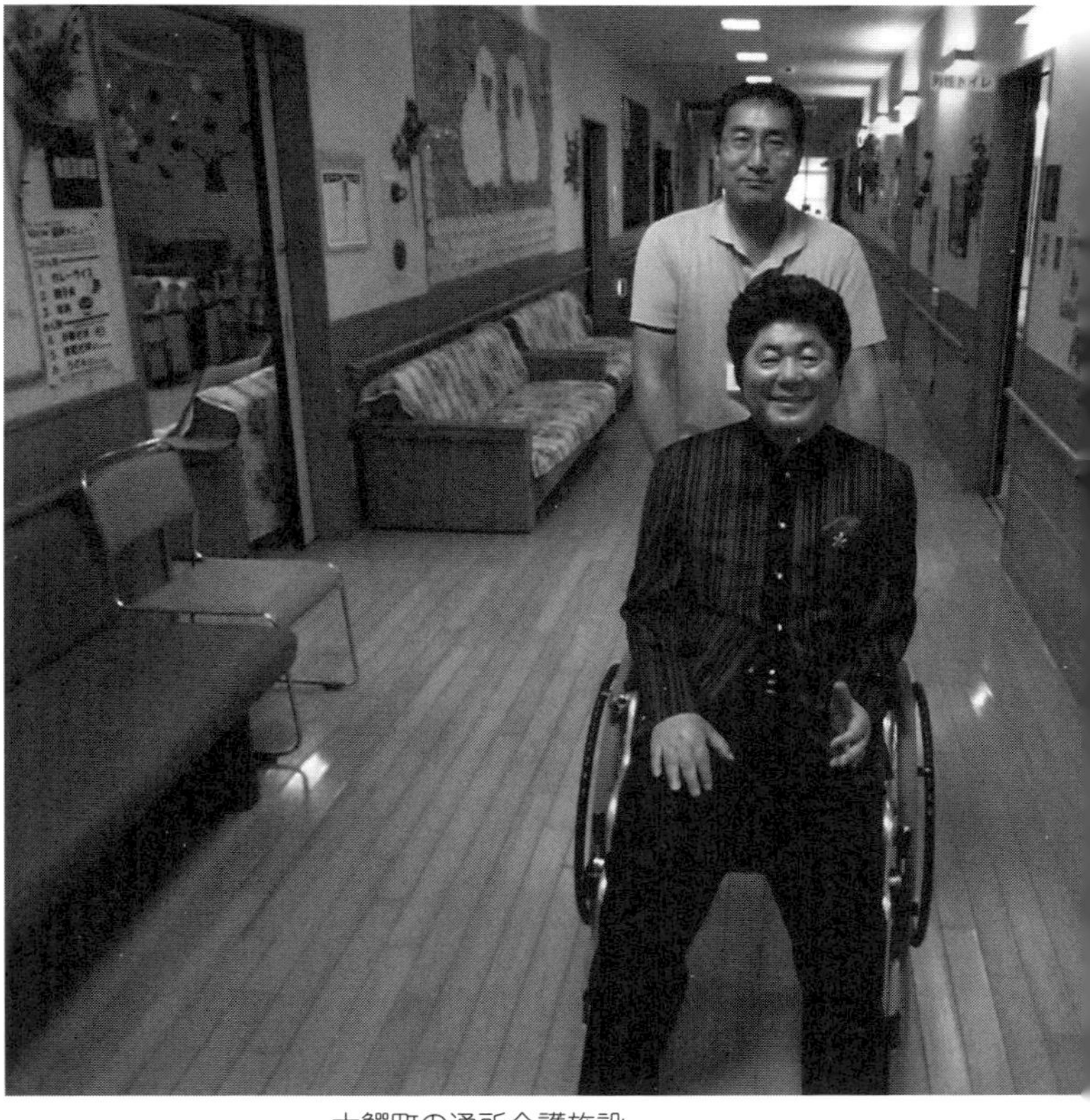

大鰐町の通所介護施設
あずみ野デイセンターの職員に案内され
「木田俊之歌謡ショー」の会場に向かう木田さん。
（あずみ野デイセンター提供）

【企画】
白岩英也（しらいわ・ひでや）
1944年山形県南陽市生まれ。日本大学卒業。みちのくレコード・みちのく歌謡文化連盟・山形県歌謡振興会主宰。「孫」「紅花の宿」「ふたりの大漁節」などのヒット曲を発信、映画と歌謡曲のコラボでみちのくレコード第一号歌手木田俊之のスター歌手誕生に取り組む。有限会社白岩新聞店会長。

【取材・文】
伊藤進司（いとう・しんじ）
1962年東京都生まれ。ノンフィクションライター。大学在学中よりライターとして活動。歴代首相夫人インタビュー集など、政界から社会風俗まで多岐にわたるジャンルを取材して新聞、週刊誌、ネットメディアに寄稿している。

HBA books

生きるチカラ［筋ジストロフィーの演歌歌手 木田俊之の半生］

2017年4月1日　初版1刷発行

企　画　白岩英也

著　者　木田俊之　伊藤進司

発行人　髙橋正義

発行所　株式会社人間社
〒464-0850　名古屋市千種区今池1-6-13　今池スタービル2F
TEL：052-731-2121　FAX：052-731-2122
振替：00820-4-15545　e-mail:mhh02073@nifty.com

印刷製本　株式会社シナノパブリッシングプレス

＊定価はカバーに表示してあります。
＊乱丁・落丁本はお取り替えいたします。

ISBN978-4-908627-11-8 C0023

「ねぶた　～魂祭～」のコンサートステージで（ 平成18年1月）